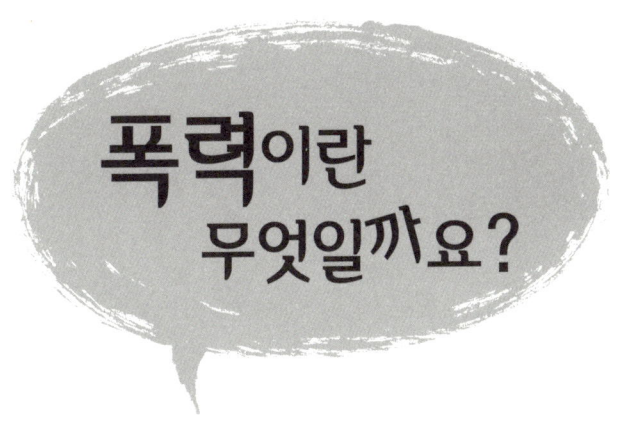

이 책은 프랑스 낭테르 시 어린이들과 오스카 브르니피에 선생님의
철학적 대화를 담은 책입니다.

C'EST QUOI, LA VIOLENCE?
Written by Oscar Brenifier
Illustrated by Anne Hemstege

Copyright 2019 by Éditions Nathan, Sejer, - Paris, France.
Édition original : C'EST QUOI, LA VIOLENCE?

Korean Translation Copyright © 2019 Max Education(Sangsuri) Publishing
Korean Edition is published by Max Education(Sangsuri) Publishing
with arrangement through Pauline Kim Agency, Seoul, Korea.

본 저작물의 한국어 관권은 Pauline Kim Agency를 통해 Éditions Nathan사와 독점 계약으로
(주)맥스교육(상수리)에 있습니다. 한국 내에서 저작권법에 따라 보호를 받는 책이므로
무단 전재와 무단 복제를 금합니다.

상수리 출판사 상수리

상수리나무는 가뭄이 들수록 더 깊게 뿌리를 내리고
당당하게 서서 더 많은 열매를 맺습니다.
숲의 지배자인 상수리나무는 참나무과에 속하고, 꿀밤나무라 불리기도 합니다.
성경에 아브라함이 세 명의 천사를 만나는 곳도 상수리나무 앞이지요.
이런 상수리나무의 강인한 생명력과 특별한 능력을 귀히 여겨
출판사 이름을 '상수리'라고 했습니다.
우리 어린이들에게 상수리나무의 기상과 생명력을 키우는
좋은 책을 계속 만들어 가겠습니다.

폭력이란 무엇일까요?

글 | 오스카 브르니피에
그림 | 안느 엠스테주
옮김 | 박광신

우리는 왜 질문을 할까요?

어린이들은 많은 질문을 합니다. 그중에는 아주 중요한 질문들도 있어요.
이 질문들을 어떻게 해야 할까요?
부모님과 선생님이 질문에 모두 대답해야 할까요?

물론 이 책에서 부모님과 선생님의 대답을 제외하려는 건 아니에요.
부모님과 선생님의 대답은 어린이 스스로 생각할 수 있게 도움을 줄 수 있으니까요.
그렇지만 어린이 스스로 질문에 대해 생각하고 판단하면서,
독립심을 기르고 책임감도 갖게 하는 것이 바람직하겠죠?

〈철학하는 어린이〉 시리즈에서는 한 질문마다 다양한 답을 제시하고 있습니다.
명확한 대답도 있지만 까다롭고 당황스러운 대답도 있지요.
그리고 이런 대답들은 또다시 새로운 질문을 하게 만듭니다.
생각이란 끝을 모르는 길이니까요.

어쩌면 이렇게 해서 얻게 되는 마지막 질문에는 대답할 수 없을지도 모릅니다.
하지만 차라리 그게 나을지도 몰라요.
답을 줄 수 있는 질문이 아닐지도 모르니까요.
어떤 질문은 단지 물음이 나온 것만으로도 좋을 수 있답니다.
질문이 그 자체로 아름다운 질문이거나
의미와 가치를 갖는 아름다운 문제를 표현하기 때문이지요.
삶, 사랑, 아름다움 또는 선함도 항상 이렇게 질문으로 남게 되겠지요.

그렇지만 답을 찾아가는 과정은 그려질 것입니다.
그 과정으로 들어가 곰곰이 생각해 봅시다.
이러한 과정은 우리가 깨어 있기 원하는 친구들을 만나는 것과 같이
우리를 깨어 있게 할 테니까요.
더 나아가 이런 대화를 확장해 봅시다.
어린이뿐만 아니라 부모님에게도 많은 것을 가져다줄 것입니다.

오스카 브르니피에

추천의 글

마음의 중심을 키워 주는 보물 같은 어린이 철학 책

우리는 의외로 우리 자신을 과소평가합니다. 생각해 보면 한 인간을 만들기 위해서 우주는 헤아릴 수 없이 긴 억겁의 시간을 기다렸고 지구는 45억 년을 돌았습니다. 한 존재가 태어나기까지의 과정을 추적한다면 누구나 분명히 고백할 수 있습니다. '나'는 이 땅에 온 별이라고.

그런데 그 별이 빛을 잃고 돌이 되는 건 바로 '나' 때문입니다. 사회심리학자이면서 철학자인 에리히 프롬이 그랬습니다. "인간을 낙원에서 추방할 수 있는 자는 오로지 인간뿐"이라고. 우리는 너무 쉽게 우리 자신을 깎아내려서 스스로를 낙원에서 추방한 것이지요. 지금 가난하다고, 당장 일자리가 불안하다고, 더 이상 젊지 않다고, 학벌이 별로라고, 스스로 콤플렉스를 만들면서 45억 년 세월이, 억겁의 세월이 우리를 낳은 까닭을 잊고 살아왔습니다.

〈철학하는 어린이〉 시리즈는 우리가 만든 콤플렉스 때문에 우리가 놓친 삶의 가치를 다시 생각할 수 있도록 해 줍니다. 진짜 아름다움은 어떤 건지, 행복은 어디에 있는지, 우리는 왜 자유를 추구하는지, 함께 존재한다는 것의 의미는 무엇인지, '생각' 하게 만듭니다. 생각이란 걸 해 보면 우리 마음속에 얼마만 한 보화가 있는지 스스로 놀라게 됩니다.

처음에는 이 책을 별 생각 없이 펼쳤습니다. 그러다 놀랐습니다. '아니, 프랑스 어린이들은 어렸을 적부터 이렇게 스스로 생각하는 훈련을 받나!' 싶어서 말입니다. 어렸을 때부터 이렇게 성찰의 논리를 배워 익힌다면 살면서 무슨 일이 생겨도 '세상을 탓하지 않고 마음의 중심을 키워갈 수 있겠구나!' 싶었습니다. 〈철학하는 어린이〉 시리즈는 내 마음의 보물 창고를 향해 첫발을 내딛게 하는 책입니다. 이 책을 통해서 생각의 춤을 추게 되면 스스로 또 다른 방식의 춤을 추는 법도 익히리라 믿습니다.

수원대학교 교양대학 교수 이 주 향

차 례

- 1 언제 화가 나거나 폭력적으로 변하나요? … 8
- 2 언제 자신이 폭력적이라고 생각하나요? … 24
- 3 화내지 않고 참을 수 있나요? … 40
- 4 누군가를 때릴 권리가 우리에게 있을까요? … 54
- 5 폭력이 필요할 때가 있나요? … 68
- 6 다른 사람을 두려워해야 할 이유가 있나요? … 84

언제 **화**가 나거나 **폭력적**으로 변하나요?

언제 화가 나거나 폭력적으로 변하나요?

친구가 나를 때리면 화가 나요.

폭력보다 말로 해결하는 방법을 찾아야 하지 않나요?

누군가 우리에게 나쁜 짓을 할 때 우리에게 복수할 권리가 있나요?

복수를 당한 친구가 다시 복수하기 위해 폭력을 쓰면 어떻게 될까요?

용서하는 법도 알아야 하지 않나요?

언제 화가 나거나 폭력적으로 변하나요?

사랑받지 못한 감정이 들 때나

화를 낸다고 사람들이
사랑해 줄까요?

폭력적으로 변하면 자신이 더 형편없다고
느껴지지 않나요?

날 업신여길 때 화가 나요.

모든 사람에게 사랑받을 수 있을까요?

자신을 사랑하는 법부터 배워야 하지 않을까요?

언제 화가 나거나 폭력적으로 변하나요?

부모님이 장난감을 사 주지 않으면 화가 나요.

원하는 모든 것을 부모님이 사 줘야만 하나요?

화를 낸다고 자신이 원하는 것을 얻을 수 있나요?

원하는 것을 얻지 못해 떼쓴다고 부모님이 굴복해야 할까요?

말을 듣지 않았다고 폭력을 쓸 권리가 부모님에게 있을까요?

언제 화가 나거나 폭력적으로 변하나요?

가난하고 불행한 사람들을

화를 낸다고 세상이 더
좋아질까요?

세상을 있는 그대로 받아들이는
법을 배워야 하지 않을까요?

볼 때 화가 나요.

가난하면서도 행복할 수
있지 않나요?

부유한 사람들이 가난한 사람들보다
더 불행할 때도 있지 않나요?

언제 화가 나거나 폭력적으로 변하나요?

예의 없는 사람이나 사과해야 할 것에 사과하지 않는 사람을 보면 화가 나요.

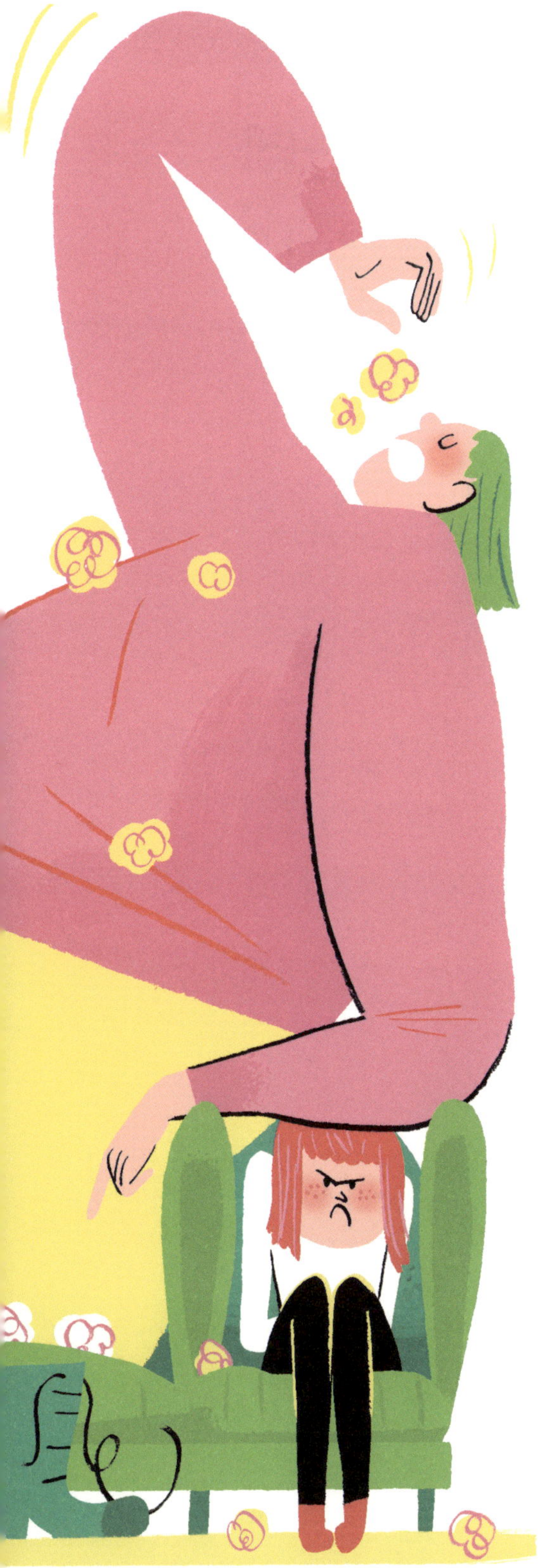

예의를 갖추기 힘든 상황도 있지 않을까요?

예의 없다고 화를 낸다면 그것은 예의 바른 행동일까요?

공손한 말투로도 폭력적일 수 있지 않나요?

진실을 말하기도 예의바르게 말하기도 난처한 경우가 있지 않나요?

언제 화가 나거나 폭력적으로 변하나요?

수업 중에 떠들지도 않았는데 선생님이 떠들었다고 지적하면 정말 화가 나요.

우리도 다른 사람에게 불공평할 때가 있지 않나요?

같은 실수라도 사람에 따라 판단이 달라질 수 있지 않나요?

다른 학생이 부당하게 야단맞을 때도 자신의 경우처럼 화가 나나요?

받아쓰기가 엉망인 학생을 선생님이 야단칠 수도 있지 않나요?

<u>수업 중에 떠들면 안 됩니다.</u> 나는 수업 중에 떠들지 않았습니다. 나는 수업 중에 떠들지 않았습니다. 나는 수업 중에 떠들지 않았습니다. 나는 수업중에 떠들지 않았습니다. 나는 수업중에 떠들지 않았습니다. 나는 수업 중에 떠들지 않았습니다. 나는 수업 중에

언제 화가 나거나 폭력적으로 변하나요?

생각정리하기

폭력적으로 변하면 우리는 누군가를 때리거나 물건을 험하게 다루게 돼요.

소란을 피우고 기분이 안 좋아지는 데는 다양한 이유가 있어요. 사랑을 충분히 받지 못한다고 느끼거나 원하는 것을 갖지 못하면 기분이 언짢아져요. 사람들이 예의 바르지 않게 행동하거나 폭력적으로 행동해도 기분이 나빠지지요. 또 세상에서 일어나는 불행과 부당함에 화가 나기도 한답니다. 받아들이기 힘든 감정이나 견디기 힘든 상황을 벗어나려고 사람들은 소리를 지르거나 주먹을 휘두르기도 해요. 그러나 이런 상황을 극복하는 방법이 폭력밖에 없을까요? 자신의 생각이나 감정을 표현하는 다른 방법들을 찾아야 하지 않을까요?

> 이런 질문을 하는 건…

… 어떤 경우에 자신이 폭력적으로 변하는지 알기 위해서랍니다.

모든 게 잘 되고 있다고!!!

… 때로는 통제할 수 없는 감정에 휩싸일 때도 있다는 것을 받아들이기 위해서랍니다.

… 다른 사람이나 세상이 자신이 원하거나 꿈꾸는 대로만 되지 않는다는 것을 받아들이기 위해서랍니다.

목욕하기 완벽한 날씨야!

… 다른 사람들과 함께 살면서도 온전히 자기 자신이 되는 법을 찾기 위해서랍니다.

언제 자신이
폭력적이라고 생각하나요?

언제 자신이 폭력적이라고 생각하나요?

주먹질하며 노는 나를 볼 때요.

언제든 싸울 수 있다고
상상하며 놀아야 할까요?

주먹질하며 노는 게 싸우는 연습을
하는 걸까요?

싸우는 것은 심각한 일일까요?

비디오 게임으로 싸우다 실제로도
다투게 되나요?

언제 자신이 폭력적이라고 생각하나요?

끓어오르는 화산 같은 것이
내 안에 있다고 느낄 때요.

마음속에 화산이 끓어오를 때는 이유가 있지 않나요?

사람들이 친절하게 대할 때도 마음속에 화산이 끓어오르나요?

우리 모두 마음속에 끓어오르는 화산을 갖고 있지 않나요?

끓어오르는 화산보다 마음이 더 강할 수 있지 않나요?

언제 자신이 폭력적이라고 생각하나요?

내 동생인데도 생각 없이

바보 멍청이 돌대가리 미친거 아냐?

말도 주먹만큼 다른 사람을
아프게 할 수 있지 않나요?

다른 사람을 놀리고 조롱해야
더 강한 걸까요?

자꾸 욕을 하는 나를 볼 때요.

강한 사람이라면 오히려 약한 사람을 보호해야 하지 않을까요?

동생에게 못되게 구는 건 동생을 질투해서 아닐까요?

언제 자신이 폭력적이라고 생각하나요?

작은 벌레들을
괴롭히며 즐거워하는
나를 볼 때요.

폭력을 쓰면 기분이 좋나요?

두렵기 때문에 폭력을 쓰는 건 아닐까요?

엄청나게 큰 벌레라면 괴롭힐 수 있을까요?

나무를 쓰러뜨리는 것도 폭력일까요?

언제 자신이 폭력적이라고 생각하나요?

다른 사람의 일에는 관심도 없고, 어떤 봉사도 하지 않는 나를 볼 때요.

모든 사람이 자기만 생각하는
그런 세상은 어떤 모습일까요?

주위 사람들을 도울 수 있는 일이
정말 아무 것도 없을까요?

위험에 처한 사람을 돕지 않고 지나칠 자신이 정말 있나요?

도움이 필요할 때 아무도 신경 써 주지 않으면 어떤 기분일까요?

언제 자신이 폭력적이라고 생각하나요?

사람들이 말을 걸어도
토라져 대답하지 않는
나를 볼 때요.

토라지면 다른 사람에게 해가 될까요? 아니면 자기만 손해일까요?

침묵하는 것이 말하는 것보다 더 폭력적일까요?

자신의 생각을 말하는 것이 두려워 토라지는 걸까요?

화가 난 것을 표현해야 할까요? 아니면 감추고 마음속에 담아 둬야 할까요?

언제 자신이 폭력적이라고 생각하나요?

생각정리하기

수천 가지 방법으로 우리는 폭력적으로 변할 수 있어요.

친구를 때리거나 욕을 하는 것은 폭력이지요. 이런 행동은 누가 봐도 폭력이라는 것을 금방 알 수 있어요. 그러나 토라져 아무 말도 하지 않는다거나 도움이 필요한 사람을 외면하고 도우려고 노력하지 않는 행동도 폭력이라고 말할 수 있을까요?
이런 행동들은 직접적인 폭력이 아니라서 아무 것도 아닌 것처럼 보일 수 있지만 이 또한 폭력이랍니다.
폭력이 다른 가면을 쓰고 우리 안에 스며들어 뿌리내린 행동들이지요. 이런 폭력은 알아채기가 어려워 고치기도 힘듭니다. 그리고 이런 행동들은 사람들과의 관계도 상하게 하지요.
폭력적으로 되지 않기 위해 자신이 어떤 폭력의 가면들을 가지고 있는지 또 어떻게 벗을 수 있을지 스스로 생각해 보도록 해요.

이런 질문을 하는 건…

… 폭력이 우리 자신의 일부 그리고 세상의 일부라는 것을 인정하기 위해서랍니다.

… 다양한 형태로 표현되는 폭력을 알아채기 위해서랍니다.

… 우리의 말과 몸짓이 다른 사람에게 어떤 결과를 낳는지 알기 위해서랍니다.

… 폭력으로 인한 고통을 거부하기 위해서랍니다.

화내지 않고
참을 수 있나요?

화내지 않고 참을 수 있나요?

아니요, 난 인간이고 인간이란 폭력적이기 때문에 화를 참을 수 없어요.

모든 인간은 필연적으로 폭력적인 걸까요?

폭력을 방지하기 위해 인간은 법이란 걸 만들지 않았나요?

폭력이 아닌 다른 방법으로 문제를 해결하겠다고 결심할 수 있지 않나요?

어떤 방식으로 살아야 할지 우리 스스로 선택할 수 있지 않나요?

화내지 않고 참을 수 있나요?

그럼요,
곰곰이 생각한다면
화를 누그러뜨릴 수 있어요.

공격 당할 때 곰곰이 생각할 시간이 있을까요?

곰곰이 생각하는 것 자체가 화나게 하지 않나요?

화가 나면 곰곰이 생각하는 게 어렵지 않나요?

곰곰이 생각한 결과 폭력을 쓰기로 결심할 수도 있지 않나요?

화내지 않고 참을 수 있나요?

그럼요, 천천히 호흡하며 화를 참을 수

진정시키면 있어요.

폭력적일 때마다 그 순간 자신이 폭력적이라는 것을 알아차리나요?

진정할 수 있도록 다른 친구들이 도울 수도 있지 않나요?

화가 치솟을 때, 스스로 화를 참을 수 있는 평정심을 갖고 있나요?

화가 나 있으면서 동시에 평정심을 가질 수 있을까요?

화내지 않고 참을 수 있나요?

그럼요, 저는 아주 평온해요.
절대 화내지 않아요.

어떤 사람이 나를 때리고
욕해도 평온할 수 있나요?

감정에 휩싸이는 게 사람
아닌가요?

어떤 상황에서도
감정에 휩싸이지 않도록
굳이 노력해야 할까요?

지나치게 평온한 것은
아닐까요?

화내지 않고 참을 수 있나요?

아니요, 난 강하고 힘도 세니까

무엇이 우리를 지배할까요? 우리의 힘일까요? 아니면 우리의 생각일까요?

폭력적이지 않으면서도 강할 수 있지 않나요?

화를 참지 않아요.

누군가를 때리고 무언가를 부수는
데에만 힘을 쓰면 될까요?

부드럽고 이해심이 많을 때
우리는 더 강하지 않나요?

화내지 않고 참을 수 있나요?

생각정리하기

때로는 폭력적인 상황이 갑자기 닥쳐오기도 해요.

폭력적인 상황은 아무런 예고 없이 일어난답니다. 부모님과 의견이 부딪칠 때 잠시 그 자리를 떠나 혼자 곰곰이 생각하면 화를 가라앉힐 수도 있어요. 그러나 감정이 너무 상해 아무리 노력해도 결국 화를 내고야 말 때도 있지요. 그렇게 폭발해 버리면 자신에게도 주위 사람에게도 상처가 돼 결국 자신의 행동을 후회하게 된답니다. 마치 어떤 것에 홀린 것처럼 자신이 다른 사람처럼 느껴지기도 하지요. 그럴 때 우리는 자신을 화나게 만든 것을 비난하고 화나게 한 사람을 공격해요. 그래서 감정에 휘둘리지 않고 자신의 삶에서 자신이 늘 주인이 되는 법을 배울 필요가 있답니다. 감정을 다스리는 자신만의 방법을 터득한다면 당연히 화내는 것도 더 잘 다스릴 수 있어요.

이런 질문을 하는 건…

… 자신이 어떤 사람인지 또 자신에 대해 어떤 환상이 있는지 스스로 알아가기 위해서랍니다.

… 우리에게 있는 폭력 자체를 문제 삼기보다는 우리에게 주어진 자유를 잘 이용하기 위해서랍니다.

… 완전해질 수는 없지만 항상 더 나아질 수 있다는 것을 생각하기 위해서랍니다.

누군가를 **때릴 권리**가 우리에게 있을까요?

누군가를 때릴 권리가 우리에게 있을까요?

그럼요, 못되게 먼저 때리면 같이

맞았다고 때린 사람을 때리는 것도 나쁜 행동 아닐까요?

어떤 사람이 사람을 죽였다고 그 사람을 죽일 권리가 우리에게 있을까요?

굴거나 때려도 돼요.

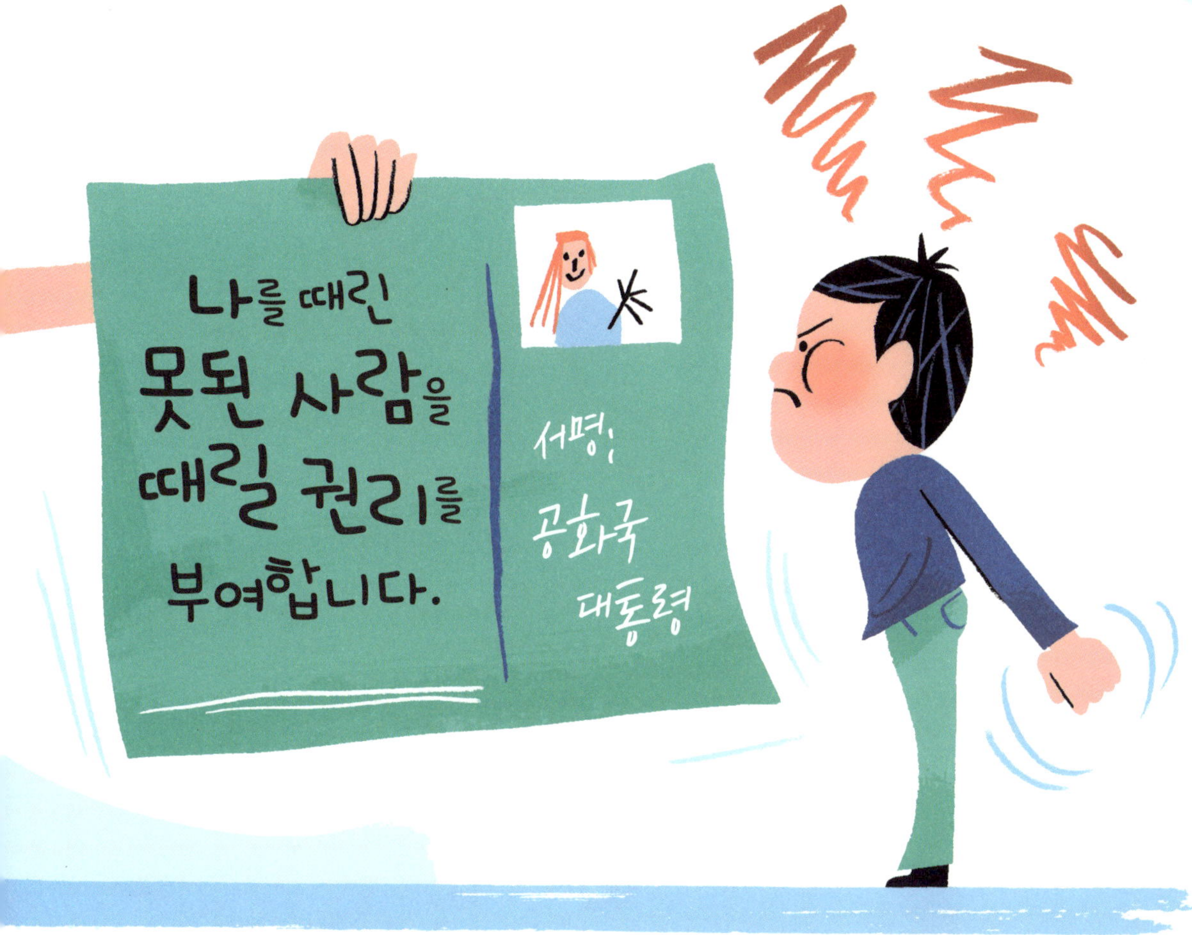

나를 때린 못된 사람을 때릴 권리를 부여합니다.

서명: 공화국 대통령

못되게 굴지 않아도 어떤 사람을 다치게 할 수 있지 않나요?

나쁜 짓을 꼭 따라해야 할까요?

누군가를 때릴 권리가 우리에게 있을까요?

아니요, 때리는 것은 나쁘니까 때리면 안 돼요.

다른 사람을 해치려는 사람을 때리는 것은 나쁠까요?

누군가를 때리면 어떤 경우에라도 벌 받아야 할까요?

부모가 자기 아이의 볼기를 때리는 걸 금지해야 할까요?

항상 좋은 일만 할 수 있나요?

누군가를 때릴 권리가 우리에게 있을까요?

아니요, 자기보다 약한 사람을 때리면 안 돼요.

자기만큼 강한 사람이라면 때려도 되나요?

다른 사람의 힘이 얼마나 센지 항상 잘 판단할 수 있을까요?

강한 사람이 맞으면 약한 사람이 맞을 때보다 덜 아플까요?

힘이 센 것이 강한 걸까요? 아니면 정신이 강한 것이 센 걸까요?

누군가를 때릴 권리가 우리에게 있을까요?

그럼요, 위험에 처했을 때 자신을

위험하지도 않은데 위험하다고 상상할 수도 있지 않나요?

위험에 맞서는 것이 용기일까요? 아니면 위험을 피할 줄 아는 것이 용기일까요?

보호하기 위해서라면 때려도 돼요.

위험을 느꼈다고 다른 사람을 다치게 하거나 죽일 권리가 있을까요?

한 가지 위험을 없애면 다른 모든 위험이 사라지는 걸까요?

누군가를 때릴 권리가 우리에게 있을까요?

그럼요, 권투 수업 중에는 때려도 돼요.

권투가
폭력적인가요?

권투할 때 자신의 주먹을
자제해야 하나요?

권투가 우리를 덜 폭력적으로
만들지는 않나요?

왜 학교에서는 권투 링에서처럼
권투를 하면 안 될까요?

누군가를 때릴 권리가 우리에게 있을까요?

생각정리하기

아주 어릴 적부터 부모님은 누군가를 때리는 건 나쁘다고 말씀하셨어요.

부모님은 우리가 누군가를 때리지 못하게 하셨지요. 학교에서도 누군가를 때리는 사람은 벌을 받아요. 하지만 맞을 때 자신을 방어하는 것도 나쁜 걸까요? 어떤 사람들은 잘못된 행동을 한 아이를 때리거나 복수할 권리가 있다고 생각해요. 또 어떤 사람들은 상황에 관계없이 폭력은 금지되어야 한다고 생각해요. 그런데 우리는 폭력적인 영화를 보고, 권투나 이종격투기를 즐기며, 때로는 싸우기도 해요. 이렇게 폭력은 우리 삶 속에 존재하고, 때로는 폭력을 표현해야 한다는 것도 우리는 알고 있어요. 그래서 폭력을 완벽히 막을 수는 없지만 폭력의 피해를 줄이려는 노력이 중요하답니다.

이런 질문을 하는 건….

… 문화, 가정 환경, 살고 있는 나라에 따라 사람들이 폭력을 받아들이는 정도가 다르다는 것을 알기 위해서랍니다.

… 어떤 폭력은 정당할 수도 있다는 것을 이해하기 위해서랍니다.

… 법이 폭력으로 보는 것과 폭력으로 보지 않는 것이 뭔지 이해하기 위해서랍니다.

폭력이 **필요**할 때가 있나요?

폭력이 필요할 때가 있나요?

스트레스를 풀 때 필요해요.

폭력을 쓰면 과연 진정이 될까요?

그림 그리기, 노래 부르기, 운동으로도 스트레스를 풀 수 있지 않나요?

스트레스를 풀기 위해 다들 폭력을 휘두른다면 세상이 너무 위험하지 않을까요?

뭐든 하고 싶은 대로 다 해야 할까요?

폭력이 필요할 때가 있나요?

폭력은 사람들이 나를 깔보지 못하게 하거나 나에게 관심을 기울이게 하는데 쓸모가 있어요.

폭력으로 존경심이나 공포심을 갖게 할 수 있을까요?

우리를 존중하지 않는 사람을 우리는 존경할 수 있나요?

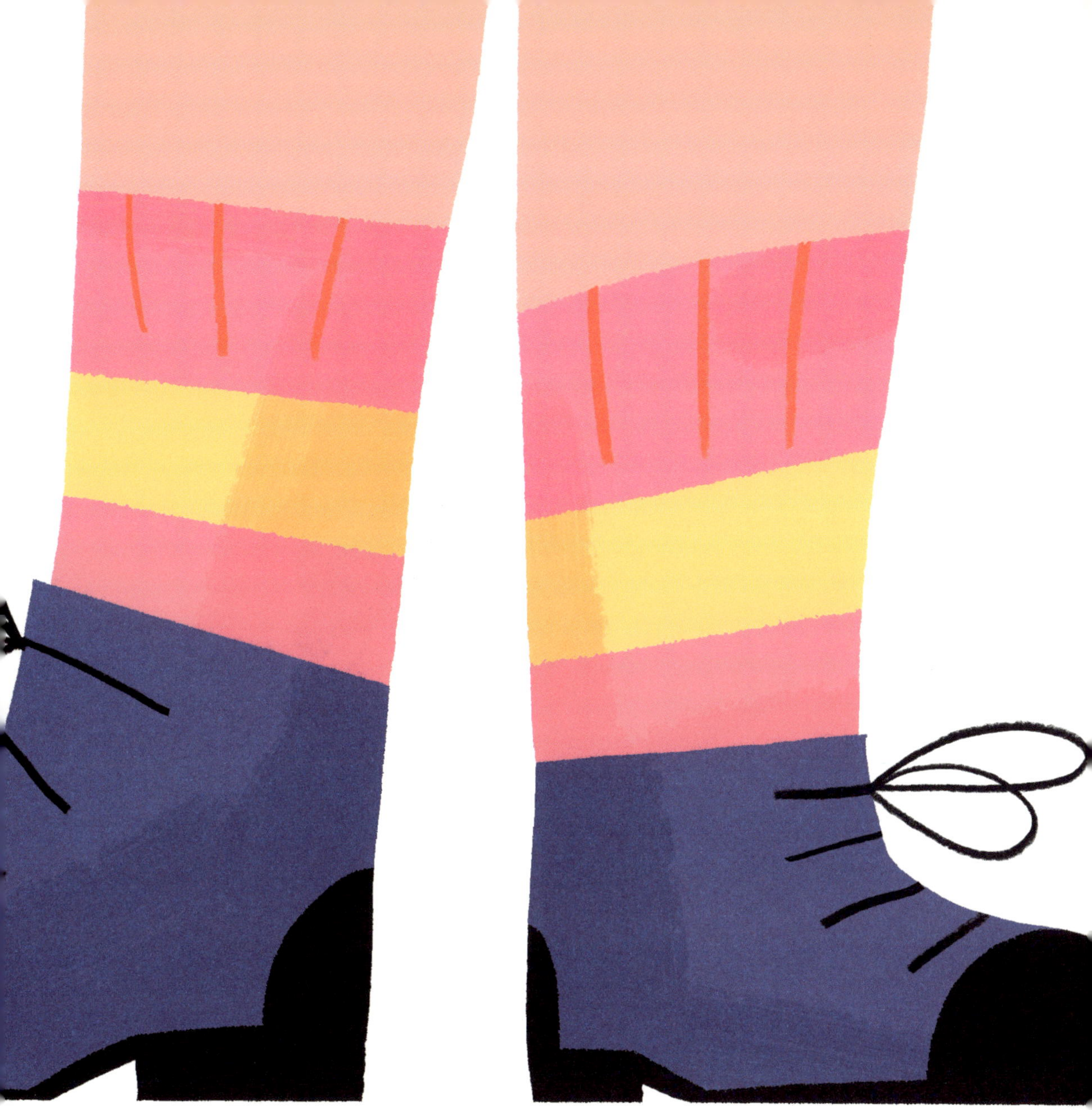

역대 임금 가운데 최고로 미남이십니다!

폭력을 써서라도 존중받거나 사랑받고 싶나요?

늘 관심을 받기보다 때로는 관심을 받지 않고 싶을 때도 있지 않나요?

폭력이 필요할 때가 있나요?

법을 지키게 하고, 어리석은 짓을

못하게 하려면 폭력이 필요해요.

폭력적인 사람의 말을 더 잘 듣나요?

사회를 이끌어가는 가장 좋은 방법이 폭력일까요?

부당한 법도 있지 않나요?

감옥에는 폭력이 없을까요?

폭력이 필요할 때가 있나요?

대장이 되려면 폭력이 최고예요.

힘으로 다른 사람을
복종시켜야 할까요?

힘으로 권력을 얻을 수
있을까요?

폭력적인 대장이 좋은
대장일까요?

대장은 다른 사람을
지배해야 할까요?
아니면 도와야 할까요?

폭력이 필요할 때가 있나요?

폭력은 아무 데도 쓸모가 없어요.
폭력은 모든 걸 파괴해요.

폭력이 필요할 때도 있지 않나요?

살아남기 위해 폭력이 필요할 때도 있지 않나요?

더 나은 세상을 위해 나쁜 세상을 모두 없애야만 할까요?

나쁜 게 하나도 없는 세상은 심심할까요?

폭력이 필요할 때가 있나요?

전쟁을 방지하고 자유를 지키고 폭력이

불행을 막기 위해서는 필요해요.

전쟁으로 전쟁을 멈추게 할 수 있을까요?

전쟁은 평화와 자유를 가져올 수 있을까요?

정당한 전쟁도 있을까요?

항상 행복한 사람들로 가득찬 평화롭고 자유로운 세상이 가능할까요?

폭력이 필요할 때가 있나요?

생각정리하기

"폭력은 절대 안 돼!"라고 생각한다면 폭력은 아무 데도 쓸모없다고 여기게 되지요.

그런데 우리는 잘못한 사람을 벌할 때 가끔 폭력적인 방법을 써요. 법으로 범죄를 저지른 사람의 자유를 박탈하기도 하지요. 어떤 사람들은 자신의 권력을 과시하기 위해 폭력을 사용하기도 하고, 또 어떤 사람들은 자신을 존경하게 만들기 위해, 혹은 단순히 스트레스를 풀기 위해 폭력을 쓰는 경우도 있답니다. 이런 경우들은 비판받을 만해요. 그러나 자유나 평화를 지키기 위해 폭력을 쓰는 경우나 부당한 일에 맞서기 위해 폭력을 쓰는 경우에 대해서도 늘 나쁘고, 안 된다고 말할 수 있을까요? 우리는 폭력이 없는 세상을 꿈꾸지요. 하지만 폭력이 우리가 사는 세상의 일부를 이루고 있다는 것도 받아들일 필요가 있답니다.

이런 질문을 하는 건…

… 우리의 삶과 사회에서 어떤 폭력이 일어나는지 또 그 폭력이 어떤 역할을 하는지 알기 위해서랍니다.

… 폭력을 없앨 수 있는지 또 어떻게 없앨 수 있는지 묻기 위해서랍니다.

… 무섭게 교육하는 것이 나을지 친절하게 교육하는 것이 나을지 알기 위해서랍니다.

… 인류 역사에서 언제, 왜 전쟁이 일어났는지 알아보기 위해서랍니다.

다른 사람을 **두려워**해야 할 이유가 있나요?

다른 사람을 두려워해야 할 이유가 있나요?

네, 내가 좋아하지 않는 일을 시킬 수 있기 때문에 두려워요.

하기 싫은 일에 대해 하고 싶지 않다고 말할 수 있나요?

학교 가라고 강요한다고 부모님을 두려워하나요?

다른 사람들이 강제로

뭐가 자신에게 좋은 것인지 항상 알 수 있을까요?

자신이 좋아하는 일만 하면 세상이 덜 폭력적으로 되는 걸까요?

다른 사람을 두려워해야 할 이유가 있나요?

네, 나는 소심하고 너무 약하기 때문에 다른 사람들이 두려워요.

소심하고 약하다고 반드시
희생자가 되는 걸까요?

다른 사람들이 보호해 줄
수도 있지 않나요?

혹 다른 사람들의 판단을
두려워하는 건 아닌가요?

자신이 무엇에 약하다는 것을
아는 것이 정말 강한 게 아닐까요?

다른 사람을 두려워해야 할 이유가 있나요?

네, 나는 사람들을 믿지 않기 때문에 사람들이 늘 무서워요.

모든 사람들이 우리에게
나쁜 짓을 하려 할까요?

사람을 믿지 않으면서 다른
사람에게서 신뢰를 받을 수
있을까요?

모든 사람에게 신뢰를
받을 수는 없지 않나요?

자기 자신을 신뢰하나요?

다른 사람을 두려워해야 할 이유가 있나요?

네, 다른 사람들은 나와 같지 않아서

다른 사람들이 두려워요.

우리가 서로 다 닮아야만 할까요?

닮은 사람이 무서울 때도 있지 않나요?

남자는 여자를 남자가 아니라는 이유로 두려워해야 할까요?

자신과 같지 않은 사람을 이해하거나 사랑하는 것은 불가능할까요?

다른 사람을 두려워해야 할 이유가 있나요?

날 사랑하는 사람들을 나는 두려워하지 않아요.

94

부모님이 두려울 때도 있지 않나요?

부모님이 야단칠 때도 여전히 우리를 사랑할까요?

사랑하는 사람을 괴롭힐 때도 있지 않나요?

우리를 사랑하지 않는 사람은 우리에게 다 위험할까요?

다른 사람을 두려워해야 할 이유가 있나요?

생각정리하기

우리 주위에는 우리를 사랑하고 보호하는 사람들이 있어요.

우리에게는 가족도 있고 친구도 있답니다. 물론 원하지 않는 일을 시키는 어른도 있어요. 우리와 다른 외국인도 있고, 이해하기 힘든 사람도 있지요. 그럴 때 우리는 자신을 약하다고 느껴 방어적으로 되기도 해요. 또 이유없이 공격할 준비를 하기도 하지요. 게다가 친구와도 싸울 때가 있고, 부모님께서도 우리에게 화를 내기도 해요. 그러면 다른 사람들이 위협적으로 느껴진답니다. 함께 살기 때문에 긴장과 폭력이 없을 수는 없어요. 하지만 사랑과 친절도 함께 존재하지요. 그래서 자신이 어떤 사람인지 다른 사람에게 말하는 법을 배워야 해요. 물론 다른 사람의 말도 귀담아 들어야 하지요. 이렇게 하는 것이 자신감을 잃지 않으면서 다른 사람들과 함께 사는 가장 좋은 방법이랍니다.

이런 질문을 하는 건…

… 약점이 있어도 자신이 강한 사람이라는 것을 느끼고 배우기 위해서랍니다.

… 다른 사람과 우리를 연결시키는 좋은 관계들과 나쁜 관계들을 생각해보기 위해서랍니다.

… 자기 자신과 다른 사람들을 신뢰하는 법을 알고, 아무것도 완벽하지는 않다는 걸 받아들이기 위해서랍니다.

폭력이란 무엇일까요?

글 | 오스카 브르니피에
그림 | 안느 엠스테주
옮김 | 박광신

초판 1쇄 발행 | 2019년 1월 4일
초판 4쇄 발행 | 2023년 5월 22일

펴낸이 | 신난향
편집위원 | 박영배
펴낸곳 | (주)맥스교육(상수리)
출판등록 | 2011년 8월 17일(제2022-000038호)
주소 | 경기도 성남시 분당구 정자일로156번길 12, 1503호(정자동, 타임브릿지)
전화 | 02-589-5133   팩스 | 02-589-5088
블로그 | blog.naver.com/sangsuri_i   홈페이지 | www.maxedu.co.kr

편집 | 김소연, 김진호
디자인 | 이지안
경영지원 | 장주열

ISBN 979-11-5571-603-8 74100
     979-11-5571-604-5(세트)

* 이 책의 내용을 일부 또는 전부를 재사용하려면 반드시 (주)맥스교육(상수리)의 동의를 얻어야 합니다.
* 잘못된 책은 구입한 곳에서 바꾸어 드립니다.

> 상수리는 독자 여러분의 귀한 원고를 기다리고 있습니다.
> 투고 원고는 이메일 maxedu@maxedu.co.kr로 보내 주세요.

어린이제품안전특별법에 의한 제품 표시
제조자명 (주)맥스교육(상수리) \ **제조국** 대한민국 \ **제조년월** 2023년 5월 \ **사용연령** 만 7세 이상 어린이 제품